La práctica de la Ley
de la Atracción

Sonia Ricotti

La práctica de la Ley
de la Atracción

EDICIONES OBELISCO

Si este libro le ha interesado y desea que le mantengamos informado
de nuestras publicaciones, escríbanos indicándonos qué temas son de su interés
(Astrología, Autoayuda, Ciencias Ocultas, Artes Marciales, Naturismo,
Espiritualidad, Tradición...) y gustosamente le complaceremos.

Puede consultar nuestro catálogo en www.edicionesobelisco.com

Colección Éxito
Las práctica de la Ley de la Atracción
Sonia Ricotti

1.ª edición: octubre de 2009

Título original:
The Law of Attraction. Plain and Simple

Traducción: *Antonio Cutanda*
Maquetación: *Mariana Muñoz Oviedo*
Corrección: *José Neira*
Diseño de cubierta: *Enrique Iborra*

© 2008, Sonia Ricotti
(Reservados todos los derechos)
© 2009, Ediciones Obelisco, S. L.
(Reservados los derechos para la presente edición)

Edita: Ediciones Obelisco S. L.
Pere IV, 78 (Edif. Pedro IV) 3.ª planta, 5.ª puerta
08005 Barcelona - España
Tel. 93 309 85 25 - Fax 93 309 85 23
E-mail: info@edicionesobelisco.com

Paracas, 59 C1275AFA Buenos Aires - Argentina
Tel. (541-14) 305 06 33 - Fax: (541-14) 304 78 20

ISBN: 978-84-9777-598-4
Depósito Legal: M-36.583-2009

Printed in Spain

Impreso en Brosmac, S. L.
Pol. Ind. nº 1, calle C-31 - 28938 Móstoles, Madrid

Este libro está dedicado a mi hermano,
Tony Ricotti. Su ayuda, su amor
y su apoyo infinitos, y su energía positiva,
me han inspirado para llevar
a cabo todos mis sueños.

Dedico también este libro a mis padres,
Marlene y Roberto Ricotti, por su amor
incondicional y por su inalterable apoyo
a lo largo de toda mi vida.

Prefacio

Si domina los pasos que se ofrecen en este libro conseguirá usted vivir la mayor de las vidas posibles.

Aunque en la actualidad soy escritora, conferenciante, formadora y presidenta de mi propia empresa, no siempre fue así para mí.

Me pasé la mayor parte de mi vida adulta intentando hacerme un nombre, intentando tener éxito y crear la vida de mis sueños. Con el tiempo, me di cuenta de que lo que yo pensaba que era la vida de mis sueños no era en modo alguno lo que yo soñaba. Era el sueño de la sociedad occidental. Había subido esa proverbial escalera de la que hablan los empresarios. Me sentía orgullosa de los esfuerzos que había hecho y de adónde me habían llevado (varios galardones y un salario de seis cifras).

«A veces perdemos el enfoque»

Pero sentía que faltaba algo. Yo había tenido un atisbo de la verdadera felicidad en las pocas misiones humanitarias en las que había participado por el mundo (en aquellos tiempos vivía al límite). Sin embargo, en cuanto volvía a la realidad, la sensación de vacío resurgía con rapidez.

Tras mucho trabajo interior y reflexión, me di cuenta de que había llegado el momento de escapar. Abandoné mi profesión, empaqué mis cosas y me decidí a viajar por el mundo. Conseguí un empleo como guía turística para una agencia de viajes de aventura y pasé de un salario de seis cifras a cobrar veinticinco dólares al día.

El tiempo pasado fuera me permitió reflexionar, reorganizar y redirigir mi vida. La experiencia fue fenomenal. Me di cuenta de que todo es posible en la vida.

A veces perdemos el enfoque de lo que trata la vida. Perdemos nuestro verdadero yo en esa vida loca, ocupada y agobiada que llevamos.

Decidí que no volvería jamás a mi «antigua» existencia, para, a cambio, dedicar mi vida a marcar la diferencia. Decidí crear una empresa transformacional llamada Lead Out Loud,[1] que produce líderes fenomenales que viven vidas fenomenales por todo el planeta.

«El liderazgo es una manera de pensar»

El liderazgo es una forma de vida. El liderazgo es una manera de pensar, de creer, de actuar y de inspirar. Cualquiera puede ser líder. Usted puede ser líder en casa, en el trabajo, en la sociedad, en el mundo y, lo más importante, dentro de sí mismo.

ABRA LA PUERTA HACIA SU VIDA MÁS GRANDE

Para vivir su vida más grande tiene que convertirse primero en líder dentro de sí mismo. Asuma el control de su vida y comience a atraer y a manifestar todo lo que desea en la vida. Dominar la Ley de la Atracción es la clave para abrir la puerta hacia su vida más grande.

---

1. Nota del traductor: Algo así como «Salir con fuerza».

Una carta para mí misma

Esta «carta para mí misma» es una de las anotaciones que escribí en mi diario poco después de volver de mis viajes durante casi un año. Me gustaría compartirla con usted, dado que creo que muchas personas en todo el mundo están buscando cambios transformadores positivos en su vida.

Anotación del diario

El último año ha sido uno de esos años que te cambian la vida. Nos pasamos el tiempo anhelando un cambio, pero no tenemos el coraje, la energía ni el tiempo para llevarlo a cabo. Mil excusas perfectas para no hacer nada.

Un gran cambio tuvo lugar el año pasado cuando comencé a vivir la vida según mis propios términos, en vez de según los términos de los demás. Ahora vivo la vida al máximo, y no me preocupa lo que piensen los demás. He determinado cuáles son mis valores y qué es lo que más quiero en la vida, y me he alineado con estos valores y estos deseos. Con anterioridad a este último año, me pasaba la mayor parte del tiempo intentando parecer buena o evitando parecer mala a los ojos de los demás. ¿Por qué tenemos que preocuparnos? Es nuestra vida, no la suya. He hecho las paces con todo eso. Realmente, le he dado un abrazo. Cuanta más gente se ría de mí, tanto mejor. Eso significará que estoy caminando al son de mi propio tambor; un tambor que nadie más puede ver, pero es perfecto. Soy quien quiero ser.

Hace un año decidí abandonar un trabajo con un salario de seis cifras para aceptar un empleo de veinticinco dólares al día. En muchos aspectos era una locura, pero es lo mejor que he hecho jamás. Me puse a trabajar en muchos proyectos que me apasionaban de verdad: comencé a escribir un libro, puse en marcha un movimiento altruista y creé una empresa nueva llamada Lead Out Loud, todo eso mientras viajaba por el mundo. He conocido a personas de todos los senderos de la vida y he aprendido de muchas culturas. He vivido algunos momentos muy profundos, momentos que jamás hubiera experimentado en mi «antigua» vida. Son muchas las experiencias que me vienen a la memoria: las Navidades con las dos chicas mayas de Panajachel, el guardia de seguridad maya y sus recuerdos del movimiento zapatista en 1994, y la gente de Santiago de Atitlán después de los aludes de barro. Cancún después del huracán, la experiencia espiritual de Teotihuacán, el murciélago vampiro de la selva, las silenciosas reflexiones en Hierve de Agua, la escalada al volcán activo Pacaya y los baños en los manantiales termales. ¡Cuántas experiencias maravillosas!

¿Cómo voy a continuar con la vida que he elegido? ¿Cómo me aseguro de no caer de nuevo en mi antiguo estilo de vida? Yo puedo controlar mi manera de vivir.

Lo Siento. Lo Creo. Lo Consigo.

La vida es breve y dulce… vívela al máximo ahora. Ama a tus seres queridos, a tus amigos y a los extraños. Puedo hacer del mundo un lugar mejor. El mundo que elijo es pacífico y amoroso.

Puedo decidir cuál quiero que sea mi legado al mundo, lo que dejaré tras de mí. Es una decisión mía. Puedo emprender la acción. Afrontémoslo: sé que vivo con tiempo prestado. Como dice la canción de Tim McGraw: «Vive la vida como si te estuvieras muriendo».

La vida es maravillosa.

SONIA RICOTTI

INTRODUCCIÓN

CREER

«Para lograr grandes cosas, no sólo tenemos que actuar, sino también soñar; no sólo planificar, sino también creer.»
ANATOLE FRANCE

Este libro trata del hecho de vivir la vida más grande posible. Trata del hecho de encontrar la paz interior y la felicidad, y de atraer y manifestar su vida soñada. Trata del tema de vivir la vida para la cual usted nació.

Vivir una gran vida no es fácil. Con el fin de atraer su vida más grande, tendrá que aplicar con destreza la Ley de la Atracción. Comprendiendo simplemente cómo funciona esta ley universal, y dominando los pasos que se presentan en este libro, atraerá en última instancia a su vida todo cuanto desea.

Este libro le mostrará cómo liberarse de todos los sentimientos negativos y de toda la energía negativa de su vida. Lo que pretende es llevarle a un lugar de su vida en el que se encuentre permanentemente en un estado mental positivo, y proyectando por tanto energía positiva constantemente. Esta energía positiva atraerá situaciones, personas y experiencias positivas en su vida.

He dividido este proceso en once pasos sencillos, que se explican brevemente en cada uno de los capítulos. Cada paso supone un grandísimo avance para la consecución de la paz interior, la felicidad interior y un nivel acrecentado de iluminación. Este estado altamente evolucionado atraerá su vida más grande y la manifestará.

¿QUÉ VA A NECESITAR?

Llegar a dominar cada uno de los pasos de este libro no es una tarea fácil. Hace falta trabajo, práctica y conciencia. De hecho, se podría escribir todo un libro con cada uno de los pasos.

Pero, para nuestros propósitos, una idea general y una toma de conciencia de cada paso le permitirá dominar la Ley de la Atracción. Se va a convertir usted en la persona más positiva que haya conocido.

LA LEY
DE LA ATRACCIÓN

ENERGÍA

*«Las vibraciones
electromagnéticas
que usted envía cada
día, en cada décima de
segundo, son las que le
han traído (y le siguen
trayendo) todo en la
vida, sea grande o
pequeño, bueno o malo.
¡Todo!.»*
Lynn Grabhorn

L a Ley de la Atracción es una ley universal que opera de forma permanente. Por expresarlo de un modo sencillo, significa que lo semejante atrae a lo semejante. La Ley de la Atracción afirma que la energía del pensamiento y la energía proyectada atraen una energía similar. Como consecuencia de ello, atraemos a nuestra vida cosas que están de acuerdo con nuestros pensamientos y con la energía que proyectamos. Dicho de un modo sencillo, atraemos a nuestra vida todo aquello hacia lo cual dirigimos nuestra atención consciente.

Esta ley universal es un principio antiquísimo, que los pensadores y los maestros más grandes del pasado utilizaron sin conocer plenamente su base científica. Gracias a Dios, todos podemos acceder a ella acrecentando nuestra comprensión y, en la actualidad, la casi totalidad de las personas de éxito la están utilizando para llevar cabo cambios fundamentales en sus vidas.

«Lo semejante atrae a lo semejante.»

Actualmente, comprendemos mejor la Ley de la Atracción gracias a los descubrimientos de la física cuántica. Pero no es necesario comprender los intrincados detalles de la física cuántica para comprender cómo funciona. Todos y cada uno de los aspectos de lo que somos (nuestro cuerpo, nuestra mente, nuestra totalidad) se componen enteramente de energía. ¡Y aquí tenemos que incluir nuestros pensamientos! Todo cuanto existe, desde la mugre que tenemos debajo de las uñas hasta la estrella más lejana de la galaxia más lejana, está compuesto de energía pura. Y esto no es una teoría. ¡Es un hecho!

¿CÓMO FUNCIONA?

La Ley de la Atracción opera permanentemente, en todo momento, con independencia de cuáles sean nuestras creencias o de si somos conscientes de su presencia. Atraemos constantemente a nuestra vida (sea de forma deliberada o por defecto) lo mismo que emitimos hacia el universo.

> *«Aquello en lo que usted se concentra*
> *se expande.»*

Aquello en lo que usted se concentra se expande. Sus pensamientos crean su realidad. Si tiene usted pensamientos y sentimientos negativos, emite energía negativa. Por tanto, atraerá acontecimientos, personas y cosas negativas hacia su vida. Si usted tiene pensamientos y sentimiento positivos, emitirá energía positiva y, como consecuencia, atraerá acontecimientos, personas y cosas positivas hacia su vida. Comprender y aplicar adecuadamente esta ley universal es la clave para alcanzar el éxito definitivo en todas las áreas de la vida.

CÓMO APLICAR ESTA LEY UNIVERSAL

Para utilizar este conocimiento capaz de transformar su vida, es fundamental comprender que usted está aplicando esta ley universal ¡incluso cuando no es consciente de ello! Usted envía constantemente energía positiva o negativa hacia el universo. Lo semejante atrae a lo semejante; sea lo que sea que usted envíe al universo, éste se lo devolverá. Usted está enviando energía justo en este mismo momento, en este segundo.

¿Qué está usted sintiendo ahora mismo? ¿Se siente bien o se siente mal? Si se siente bien, usted está enviando energía positiva; si se siente mal, está enviando energía negativa. Es así de simple.

Si quiere usted vivir su vida más grande, tendrá que comenzar por detener la energía negativa que usted proyecta y tendrá que emitir energía positiva... en todo momento.

«Usted dominará la Ley de la Atracción.»

Cambiando simplemente sus pensamientos, su lenguaje y, lo más importante, sus emociones, usted conseguirá dominar esta ley. Pero no olvide que este proceso es como ejercitar un músculo poco desarrollado: hace falta tiempo para llegar a ser eficiente y convertirlo en una «segunda naturaleza».

Este proceso de once pasos generará el cambio que le llevará a emitir consciente y deliberadamente energía positiva en todo momento.

EL PRIMER PASO

DECIDA QUÉ QUIERE

DECIDA

*«Si no sabes adónde vas,
terminarás en cualquier
otra parte.»*
YOGUI BERRA

¿Qué quiere usted? ¿Qué es lo que realmente desea? Ésta es una pregunta importante sobre la cual reflexionar. Con el fin de manifestar y atraer de verdad todo lo que desea en la vida, primero tiene que decidir lo que quiere. Debe tener usted una visión clara del aspecto que tendrá su vida más grande.

La mayoría de la gente no sabe lo que quiere, bien porque no se han tomado la molestia de pensar en lo que de verdad desean, o bien porque se concentran en aquello que no quieren en su vida (por ejemplo, «no quiero tener deudas»).

«Tenga clara su visión.»

Concentrándose en las cosas que no quiere, usted experimenta pensamientos negativos y, por tanto, emite energía negativa. Esto da como resultado que usted atraiga más de las mismas situaciones, personas y experiencias negativas.

Fíjese en sus pensamientos. ¿En qué piensa usted habitualmente? ¿Se lamenta del aspecto que tiene su vida en estos momentos? Si es así, existen muchas posibilidades de que esté usted utilizando un lenguaje negativo y de que se esté centrando en las cosas que no quiere en su vida. Y, con ello, no hará más que atraer más de lo mismo a su vida.

«Céntrese en lo que quiere.»

La clave estriba en tener claro lo que quiere. Una vez sepa lo que quiere y centre su atención en eso, usted proyectará automáticamente energía positiva.

«Sea poco realista.»

Cuando decida qué es lo que quiere, no sea realista. ¿Qué querría para sí en caso de que todo fuera posible? Ésta es una difícil tarea para muchas personas porque se quedan atascadas en el «cómo» va a suceder eso en su vida. Si no saben cómo se puede manifestar eso en su vida, van a creer que es imposible.

«Sea poco realista. Sueñe en grande.»

Cuando yo les digo a mis clientes de *coaching* que sueñen en grande a la hora de decidir lo que quieren, casi siempre me responden con un «Pero tengo que ser realista», a lo que yo respondo indefectiblemente: «¿Por qué?»

Sea poco realista. ¡Sueñe en grande! No se preocupe por el cómo se desarrollará en su vida lo que usted quiere. Una vez se ponga a emitir una potente energía positiva en todo momento, el universo responderá.

Los únicos límites que tenemos en nuestra vida son los límites que nosotros mismos nos ponemos.

«El "cómo" no tiene importancia: su trabajo
es averiguar el "qué".»

HAGA UNA LISTA

Una manera de descubrir lo que usted quiere en la vida es hacer una lista de todas las cosas que no quiere.

Después de hacer esta lista, vaya de una en una por todas las frases que ha escrito y conviértala en una declaración positiva de lo que usted quiere de verdad. Por ejemplo, si usted dice: «No quiero tener problemas a la hora de pagar mis facturas todos los meses», puede darle la vuelta escribiendo: «El dinero me llega con facilidad, y pago mis facturas sin más contratiempos».

Haciendo este ejercicio, se obligará a centrarse en lo positivo, y también le aclarará aún más lo que quiere.

Éste es el primer paso, y el más importante, para poder conseguir su vida más grande. Una vez descubra lo que de verdad quiere en la vida, podrá poner su energía y su enfoque en esas cosas. Centrándose simplemente en estas cosas positivas, usted genera automáticamente pensamientos positivos y energía positiva.

☞ Consejo: Decida lo que quiere.

Haga una lista de lo que quiere. Péguela en el espejo, en el frigorífico o llévesela consigo a todas partes. Así, recordará constantemente cuál es el centro de su atención, adónde va y qué atraerá y manifestará en su vida.

Lo que no quiero	Lo que quiero
1.	1.
2.	2.
3.	3.
4.	5.
6.	6.

EL SEGUNDO PASO

ELIJA SUS PENSAMIENTOS Y SUS SENTIMIENTOS

PENSAMIENTOS

«Alimenta tu mente con grandes pensamientos, pues nunca irás a ningún lugar más elevado que aquel que pienses.»
BENJAMIN DISRAELI

¿Sabe usted que puede elegir lo que piensa y lo que siente en cada momento? Al principio, esto le puede parecer difícil de hacer; pero, tomando conciencia simplemente de lo que está pensando y sintiendo, puede redirigir los pensamientos y los sentimientos negativos y convertirlos en pensamientos y sentimientos positivos.

La mejor manera de reconocer un pensamiento negativo es tomar conciencia de cómo se siente. En todo momento en que no se sienta bien, usted está teniendo pensamientos negativos (tanto si es usted consciente de ello como si no) y, por tanto, está emitiendo energía negativa. Su barómetro de los sentimientos le avisará de si está usted o no en el sendero de la atracción de todo aquello que usted desea.

«Usted puede elegir lo que siente.»

Justo en este mismo momento, ¿qué lectura le ofrece su barómetro de los sentimientos? En una escala de 1 a 10 (donde 1 es sentirse mal y 10 es sentirse estupendamente), ¿cómo se siente usted ahora? Cuanto más elevado sea su nivel de sentirse bien, más poderosa será la energía positiva que esté emitiendo. Y al revés: si usted se da un 2 sobre 10, más poderosa será la energía negativa que esté emitiendo.

Tomando conciencia simplemente de su barómetro de los sentimientos, usted puede hacerse consciente de cualquier sentimiento negativo que esté teniendo. Entonces, haga lo que sea necesario para cambiar esa situación.

☞ Consejo: Elija sus pensamientos y sus sentimientos.

Trace en un papel un gran círculo con ocho radios para representar las siguientes áreas de su vida: Economía, Salud, Familia/Amigos, Amor/Persona significativa, Trabajo, Diversión/Recreo, Crecimiento personal y Servicio a los demás. Después, evalúe su satisfacción en cada área sobre una escala de 1 a 10 (el 1 es el punto más cercano al centro del círculo; el 10 está en la parte exterior). ¿Qué áreas son más importantes para usted? ¿En qué área le gustaría incrementar su satisfacción? Anote por escrito qué acción emprendería para alcanzar el nivel más alto de satisfacción (un 10).

Así, por ejemplo, si su barómetro de los sentimientos registra un nivel 2 en el área económica, ¿qué tendría que conseguir para alcanzar un nivel 10? Quizás le gustaría ganar 100.000 dólares al año. Escríbalo. Esto le permitirá visualizar lo que sería tener un 10 en esa área de su vida, y le ayudará a centrarse en el resultado final de alcanzar ese 10 perfecto.

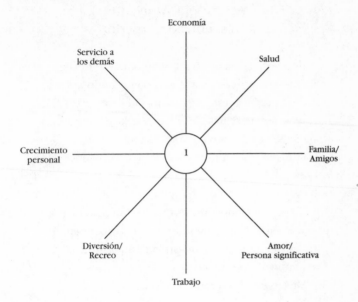

AHUYENTE A SU SABOTEADOR INTERIOR

Todos tenemos un saboteador interior. Es una voz interior que te dice que no puedes hacer algo, ser alguien o tener algo. Reconozca esto como miedo. Es normal tener miedo cada vez que uno sale de su zona de confort. Cada vez que usted hace algo nuevo y diferente, aparece siempre una especie de voz interior que le dice que no puede hacerlo, que no es lo suficientemente bueno o que quizás fracase. ¡Simplemente, reconozca que esa voz interior es usted mismo! ¡La única persona que no le deja vivir su vida más grande es usted!

«Reconozca a su saboteador interior.»

☛ Consejo: Ahuyente
a su saboteador interior.

Tome conciencia de su saboteador interior. Simplemente siendo consciente y reconociendo cuándo su saboteador interior asume el control, usted puede tomar el mando y cerrarle la puerta en las narices a este desagradable visitante.

Póngale un nombre a su saboteador interior:

....

Tome conciencia de lo que su saboteador interior le dice. Así, cuando aparezca inesperadamente en los umbrales de su mente, ¡usted podrá reconocerlo de inmediato!

Mi saboteador interior suele decir:

....
....
....
....
....

EL TERCER PASO

MANTENGA
EN MENTE EL FINAL

COMIENCE AHORA

*«Aunque no puedes
volver atrás y comenzar
de nuevo con un inicio
de marca, todo el
mundo puede comenzar
a partir de ahora y tener
un final de marca.»*
ANÓNIMO

Al término de sus días, ¿por qué cosa o cosas le gustaría ser recordado o recordada? ¿Qué palabras y qué acciones podrían describir su yo más grande? Ésta es una importante cuestión sobre la cual reflexionar. Si fuera usted a fallecer hoy mismo, ¿qué querría que se dijera de usted en su funeral?

«Comience con el final en mente.»

Conviene tomarse tiempo para reflexionar y determinar si usted está viviendo realmente su vida más grande o si ha caído en lo que yo llamo «la trampa de la rutina». Está usted corriendo y corriendo, cada vez más rápido, sin ningún destino en mente, y sin llegar a ninguna parte.

Muchas personas descubren con este ejercicio que en modo alguno habían sido las personas que querían ser, si éste fuera el último día de su vida. Si se encuentra en el mismo caso, ya es hora de reevaluar cómo está viviendo su vida.

VIVA SEGÚN SUS VALORES Y CON UN PROPÓSITO

Comience con el final en mente. Al final de su vida, ¿qué quiere que la gente diga de usted? Esto determinará cuáles son los valores más importantes de su vida. Y esto le llevará a descubrir su verdadero propósito en esta Tierra.

Por ejemplo, si a usted le gustaría que la gente dijera algo así como: «Samantha fue una madre y una esposa atenta y cariñosa...», entonces, obviamente, la familia es uno de sus valores clave.

Si actualmente se siente infeliz con algunos aspectos de su vida, es muy probable que la forma en la que está usted viviendo ahora no esté en sintonía con sus valores.

«Sintonícese con sus valores.»

Utilizando el ejemplo de arriba, si la familia es uno de sus valores pero usted se pasa doce horas al día en la oficina y viaja constantemente, no está viviendo en sintonía con su valor de la familia.

Toda vez que usted no vive en sintonía con sus valores, no habrá otro resultado que el de la insatisfacción en esa área de su vida. Esta insatisfacción generará obviamente sentimientos negativos, que emitirán energía negativa, que traerán como consecuencia la atracción de más insatisfacción a su vida.

Siendo consciente de sus valores esenciales, y creando después deliberadamente su vida en torno a esos valores, usted generará paz interior, libertad, felicidad y una vida con propósito.

☞ **Consejo: Mantenga en mente el final.**

Escriba su propio panegírico de alabanza después de su muerte. ¿Qué quiere que recuerden de usted cuando se haya ido? Este panegírico determinará sus valores esenciales.

¿Cuáles son sus valores esenciales? Escríbalos. Si desea ver ejemplos de valores esenciales, recurra al apéndice. Ahora evalúe cómo está viviendo su vida. ¿La forma en que vive su vida se halla en sintonía con esos valores? Si no es así, ¿qué cambios tiene que hacer para asegurarse de que está viviendo su vida en sintonía con sus valores esenciales?

Es imperativo que sintonice su vida con sus valores esenciales con el fin de generar la energía positiva requerida para atraer todo lo que usted desea en la vida.

Hoja de ejercicios sobre valores

Valor/ Descripción	Actual nivel de satisfacción (escala de 1 a 10, 1= bajo 10 = alto)	Acción que hay que emprender para aumentar la puntuación (¿Qué sería un «10» en esta área?)

EL CUARTO PASO

EXTRAIGA
EL SIGNIFICADO

SIGNIFICADO

*«Nada existe, a menos
que el pensamiento
lo haga existir.»*
WILLIAM SHAKESPEARE

¿Sabía usted que somos nosotros los que creamos el sentido o significado de todo lo que experimentamos en la vida? Nosotros decidimos si una experiencia es positiva, negativa o neutra. Muchas personas creen que el significado que le dan a sus experiencias vitales es real. Pero lo cierto es que somos nosotros los que decidimos cómo interpretar todo lo que vivimos en la vida. Su interpretación de los acontecimientos de la vida se basa en sus experiencias del pasado, en sus creencias y en la educación que ha recibido. Dése cuenta de que la interpretación que usted hace de una situación es algo que usted construye, de que es una creación de su mente. En realidad, usted dispone del poder de elegir qué sentimientos enlazar con cada situación, acontecimiento o experiencia. Si usted no se siente bien con algo que haya podido suceder, piense y medite cuál es la interpretación que le ha dado usted a ese acontecimiento.

Por ejemplo, si le fueran a despedir de su empleo, y estuviera usted ciertamente disgustado por ello, pregúntese: «¿Por qué me siento así?» Quizás su respuesta sea: «No me puedo creer que mi jefe me despida. He trabajado muy duro durante diez años para él, y así es como me paga. No aprecia lo que he hecho, ni me ha apreciado a mí nunca». En esta situación hipotética, usted ha hecho que su despido signifique que su jefe no se preocupa por usted y que no le aprecia nada. La interpretación que usted hace de la situación puede proceder de muchos campos. Puede ser que, en el pasado, usted fuera ignorado por los demás miembros de la familia y le hicieran sentirse inútil: ésta podría ser la razón por la cual usted interpreta la situación de este modo en concreto.

> *«Usted elige interpretaciones negativas,*
> *positivas o neutras.»*

Por otra parte, si usted creció en un ambiente familiar ciertamente cariñoso y atento, en el que siempre le decían lo maravilloso que era, podría reaccionar ante esta situación de un modo diferente. Podría entender que no hay nada personal en la situación, y quizás diría: «Bueno, ¿qué le vamos a hacer? Estas cosas ocurren. Ahora buscaré un trabajo mejor».

Se trata de dos interpretaciones diferentes ante una misma situación. Y, dado que somos nosotros los que controlamos el modo de interpretar todas nuestras experiencias, ¿por qué no optar por interpretar cada una de nuestras experiencias de una forma positiva? Dado que de todas formas vamos a darle un significado a una situación, ¿por qué no darle una interpretación que nos haga sentir bien? Todas las nubes, por oscuras que sean, tienen una fina línea plateada.

La forma más fácil de hacerlo es separar los hechos de la situación de la interpretación de la situación. Los hechos en el ejemplo anterior son: ha estado usted trabajando para una empresa durante diez años. Le han despedido de la compañía. Éstos son los hechos. Así son las cosas. Todo lo demás es la interpretación que usted hace. Si toma usted conciencia de esto, podrá elegir su propio significado positivo de ese suceso. Sabrá que puede incluso optar por no darle ningún significado en absoluto, podrá optar por dejarlo a un lado y seguir adelante.

Conviene reconocer la diferencia entre los hechos de lo que sucedió y su interpretación de lo que sucedió. Cuanto más pronto sea capaz de hacerlo, antes podrá dedicarse a elegir interpretaciones que sean de naturaleza positiva. Y estas decisiones positivas mantendrán en positivo su campo de energía, sean cuales sean las circunstancias.

☞ Consejo: Extraer el significado.

Plasme por escrito algún acontecimiento negativo que haya sucedido en su vida. Incluya en su escrito todos los detalles que recuerde.

AHORA, VUELVA A LEER SU HISTORIA Y RESPONDA A ESTAS PREGUNTAS:

1. Detalle por escrito los hechos de lo que sucedió (no su interpretación).

   ----

2. Ahora, escriba su interpretación de la situación.

   ----

3. Convierta la interpretación negativa en una interpretación positiva de esa situación. Sienta cómo fluye la energía positiva a través de usted mientras se libera de esa situación hipotética no deseada.

_____

_____

_____

EL QUINTO PASO

SUÉLTELO

SOLTAR

*«Cuando se cierra una
puerta hacia la felicidad
se abre otra;
pero suele ocurrir
que nos quedamos
tanto tiempo mirando
la puerta cerrada
que no vemos aquella
otra que se ha abierto
para nosotros.»*
HELEN KELLER

Déjelo ir. Deje que todo lo que está ocurriendo actualmente en su vida «sea». Acepte su vida exactamente como es y exactamente como no es.

Aceptar la vida exactamente como es no significa resignarse al «así es como ha sido siempre» y, simplemente, ceder. No es eso lo que significa soltar.

DEJE DE RESISTIRSE

Deje de resistirse a su vida. Cada vez que se sienta incómodo o desdichado, cada vez que sienta una emoción negativa, es porque se está resistiendo a algo en su vida. Usted se dice a sí mismo y le dice al universo que hay algo que no va bien aquí, y que las cosas deberían ser de otra manera. Resistirse es inútil, porque no cambia en modo alguno la situación. La resistencia emite energía negativa y atrae a su vida más de las mismas situaciones negativas.

«Resistirse es inútil.»

Usted tiene aquí dos opciones. Puede usted resistirse a lo que está sucediendo en su vida y seguir sintiéndose desdichado, frustrado y disgustado, o puede soltarlo y aceptarlo. Aceptando simplemente su vida tal como es y desprendiéndose del modo en que usted considera que debería ser, usted está soltando toda resistencia; se está liberando de sus emociones negativas.

☛ **Consejo: Deje de resistirse.**

¿A qué se está resistiendo en la vida actualmente?

....

....

VIVIR EN EL MUNDO DE LOS «DEBERÍAS»

¿Con cuánta frecuencia utiliza la palabra «debería»? Cada vez que utiliza usted la palabra para describir el modo en que las cosas «deberían» ser en su vida, cómo «debería» ser una situación o cómo «debería» actuar o comportarse una persona, usted se está resistiendo a lo que es. Sea consciente de que esto genera energía negativa.

SUELTE EL CONTROL

Muchas personas tienen la tendencia a intentar controlarlo todo en su vida. De hecho, cada vez que siente resistencia, es en realidad una señal de que está intentando controlar una situación o a una persona. Reconozca el hecho de que lo único sobre lo cual tiene usted un verdadero control es sobre sí mismo. Eso es todo.

Cuando usted se niega a soltar e insiste en resistirse a lo que ocurre en su vida, no hace otra cosa que atraer más de lo mismo a su vida.

«Libérese y suelte.»

Reconozca que cada vez que tiene una emoción negativa es porque se está resistiendo a algo. Descubra a qué se está resistiendo y, luego, deje que sea tal como es. Esta liberación de resistencia cambiará automáticamente su energía negativa en positiva. Recuerde: en tanto haya resistencia en su vida, seguirá atrayendo más de lo mismo. Suéltelo.

Acepte el hecho de que «las cosas son como son», y simplemente deje que «sean».

☞ Consejo: Suéltelo.

La próxima vez que se sienta incómoda, desdichada o enfadada con una situación o una persona, pregúntese: «¿A qué me estoy resistiendo aquí?» Reconozca que está intentando controlar un resultado. Después, libérese de la resistencia. Deje que todo sea tal como es y tal como no es.

Por ejemplo, si debe usted 10.000 dólares, en vez de sentirse mal constantemente por ello, dándole vueltas y más vueltas, y de estresarse con ello, lo cual supone resistirse a la situación (y, por tanto, generar energía negativa), acepte simplemente la situación tal como es. Acéptela como un hecho. Extraiga el significado. No es algo malo ni

bueno, simplemente «es». Con ello, usted se libera
de todos los sentimientos negativos y de la deses-
peración que envuelve esa situación, y permite
que la energía positiva fluya de nuevo de vuelta a
usted.

EL SEXTO PASO

PERDONE

EL PERDÓN

*«El perdón libera y le da
un mejor uso a la
energía, que hasta ese
momento se consumía
albergando rencor
y resentimiento, y
lamiéndose las heridas
no sanadas. Es
redescubrir las
fortalezas que siempre
tuvimos y reubicar
nuestra ilimitada
capacidad para
comprender y aceptar a
los demás y a nosotros
mismos.»*
SIDNEY Y SUZANNE SIMON

El perdón es la clave para emitir y crear energía positiva, pero es también uno de los estados más difíciles de alcanzar.

Todos hemos pasado por acontecimientos y situaciones negativas en nuestra vida. Muchos de nosotros albergamos rencor y resentimiento contra otras personas por esos acontecimientos.

Pero, al albergar rencor, usted emite una energía negativa que le derrota a sí mismo. Piense en ello. ¿Cómo se siente usted cuando piensa en esa persona? ¿Se siente bien o se siente mal? Si se siente mal, usted sigue albergando sentimientos negativos contra esa persona o situación y, por tanto, está emitiendo energía negativa. Es como si llevara consigo un ancla a todas partes.

Con el fin de liberarse de esa ancla, del rencor y de los sentimientos negativos que arrastra de aquí para allá, tendrá que desprenderse de esos sentimientos. ¿Cómo puede hacerlo?

Perdonando. Cuando usted perdona, se libera de esa ancla.

La escritora Ann Lamott lo expresó muy bien:

«De hecho, no perdonar es como beber
veneno para ratas con la esperanza de que
se mueran las ratas.»

En realidad, el único que se va a morir es usted. Cuando perdona a alguien, no lo está haciendo por hacerle un favor a esa persona; lo hace por sí mismo.

El mero acto de perdonar libera automáticamente toda la energía negativa y todos los sentimientos negativos que usted tenía por aquella persona. En cuanto sea capaz de perdonar, tendrá una sensación de paz interior y de libertad que fortalecerá su campo de energía positiva.

SIÉNTASE AGRADECIDO POR LA EXPERIENCIA DE APRENDIZAJE

Por cada experiencia negativa que se introduce en nuestra vida hay siempre algo que aprender, convirtiéndose en una vía de crecimiento a partir de ella. Identifique la lección aprendida. Reconozca cómo ha crecido usted a partir de ello, y luego siéntase agradecido por la experiencia. Es con nuestras experiencias difíciles con las que más aprendemos y crecemos. Usted puede desprenderse de la ira, el resentimiento y las emociones negativas vinculadas con esa persona o esa situación.

Al no perdonar, usted lo único que hace es perjudicarse a sí mismo. Deje de resistirse al perdón. Perdone y suéltelo.

PERDÓNESE A SÍ MISMO

Perdonar a los demás es importante para emitir energía positiva, pero perdonarse uno mismo es igualmente importante. A veces, albergamos rencor, ira y resentimiento contra nosotros mismos.

Todos aprendemos mientras vivimos nuestra vida diaria. En ocasiones, cometemos errores, somos desconsiderados y nos comportamos de un modo poco amoroso. Tenemos que encontrar la fuerza interior suficiente como para perdonarnos por nuestro pasado. El pasado es aquel que fuimos una vez, incluso es la persona que fuimos hace unos momentos; no es la persona que somos ahora, ni necesariamente la persona que seremos en el futuro.

«El pasado es aquel que fuiste una vez.»

Usted dispone de la capacidad y de la libertad de iniciar una nueva vida, de ser la persona que sabe que eligió ser de verdad.

☛ Consejo: Perdone.

Piense en una persona a la que le está resultando a usted difícil perdonar. Escriba lo que ha aprendido y de qué modo ha crecido usted a partir de la situación que se generó.

Después, escriba una carta a esa persona agradeciéndole lo ocurrido. Explíquele lo que aprendió y de qué modo ha crecido a partir de aquello. Y luego, perdone a esa persona. Escriba: «Te perdono».

Nota: La persona a la que le está escribiendo puede ser también alguien que haya fallecido ya. No tiene por qué enviar la carta, ni siquiera tiene por qué hablar con la persona para que el acto del perdón tenga lugar.

EL SÉPTIMO PASO

DESPRÉNDASE DEL PASADO

EL PASADO

«Su pasado no es quien usted es, es quien usted fue.»
JAMES RAY

Muchas personas creen que el pasado es lo que nos ha hecho ser quienes somos hoy. Y aunque estoy de acuerdo con esto hasta cierto punto, eso no significa que tengamos que revivir nuestros errores o nuestros remordimientos del pasado. Si nos aferramos a los sentimientos negativos que tenemos del pasado, limitamos nuestra capacidad para convertirnos en lo que queremos ser, tanto para hoy como para el futuro.

Eso no significa que tengamos que simular que el pasado no sucedió; significa simplemente que debemos dejar el pasado donde debe estar: en el pasado. Muchos de nosotros tomamos los sentimientos negativos de nuestras experiencias pasadas y las traemos al presente, o las llevamos incluso al futuro.

Por ejemplo, si en una relación pasada su pareja la engañó, esa experiencia puede afectar a sus relaciones futuras. Cada vez que conozca a una persona nueva, se sentirá aprensiva, recelosa, o bien evitará cualquier tipo de relación más seria. En este caso, su dolorosa experiencia negativa del pasado estará afectando y saboteando esencialmente sus relaciones presentes y futuras.

Si nos liberamos del apego al pasado, creamos un espacio abierto de ilimitadas posibilidades y potenciales para el presente y el futuro.

Así, en el ejemplo de arriba, si usted se liberara de la experiencia del pasado y la dejara en el pasado, sería capaz de establecer una nueva relación sin creencias ni pensamientos precondicionados. Esto dejará un espacio abierto para atraer y manifestar la pareja de sus sueños.

Cuando recibo a mis clientes de *coaching* vital, una de las primeras preguntas que les hago es: «¿Qué aspecto tiene el sueño de su vida?» Después de describirme el sueño de su vida, continúo con la pregunta: «¿Por qué no está viviendo hoy el sueño de su vida?» Y las razones que me dan siempre mis clientes giran en torno a las pruebas y tribulaciones que han pasado en su vida.

¿Y QUÉ?

La siguiente pregunta que hago es: «¿Y qué?

Aunque esto puede sonar un poco duro, en modo alguno estoy pasando por alto las experiencias que la vida nos trae. Sin embargo, cuando nos aferramos al pasado, todas nuestras decisiones en la vida giran en torno a él. Si nos liberamos del pasado y dejamos que «sea» y que se quede en el pasado, podremos liberarnos para conseguir cualquier cosa que deseemos en nuestra vida.

Nuestras experiencias negativas del pasado generan creencias y pensamientos limitadores que dirigen nuestra vida presente y futura. Reconozca que el único lugar donde reside el pasado es en nuestra memoria, en nuestra mente. Es algo que construimos basándonos en nuestras interpretaciones de lo sucedido. Pero, aunque no podamos cambiar el pasado, sí que podemos cambiar nuestra manera de interpretarlo y podemos liberarnos de nuestros sentimientos, creencias limitadoras y pensamientos negativos.

El objetivo último es forjar un espacio abierto ante usted para que pueda crear el sueño de su vida, en el que todo es posible.

Aferrándonos a nuestras experiencias negativas del pasado, generamos energía negativa. Esto atraerá inevitablemente a nuestra vida situaciones, personas y acontecimientos negativos. Liberándonos del pasado, y renunciando a la esperanza de que el pasado pudiera haber sido diferente, podemos crear un claro en el cual generar energía positiva.

TOMAR CONCIENCIA

Tomar conciencia es el primer paso para dejar su pasado en el pasado. Tomando simplemente conciencia de que está usted aferrándose al pasado, y reconociendo el hecho de que la mayoría de las decisiones que usted toma giran en torno a esas experiencias, usted se pensará dos veces de forma automática lo que decida en ese momento.

El escritor Robin Sharma lo expresó muy bien:

«Tomar conciencia mejor lleva a mejores decisiones, y unas decisiones mejores llevan a mejores resultados.»

☞ Consejo: Despréndase del pasado.

Haga una lista de las áreas de su vida en la que se sienta afectado por sus experiencias del pasado.

1. ¿Cómo ha afectado el pasado a su estatus presente en cada área?

   ----

2. ¿Qué creencias y pensamientos limitadores desarrolló a partir de los sentimientos negativos que rodearon esas experiencias?

   ----

3. Escriba qué aspecto tendrían todas esas áreas si usted hubiera interpretado esas experiencias de un modo diferente y se hubiera desprendido después, conscientemente, de esas creencias y de esos pensamientos limitadores.

EL OCTAVO PASO

SEA AGRADECIDO

LA GRATITUD

*«Levantémonos y demos
gracias, pues si no
aprendimos mucho hoy,
al menos aprendimos
un poco; y si no
aprendimos un poco,
al menos no nos
pusimos enfermos; y si
nos pusimos enfermos,
al menos no hemos
muerto; de modo que
demos todos gracias.»*
BUDA

La energía que usted envía al universo es la misma que recibe del universo. El paso de ser agradecido por lo que usted ya tiene en la vida es una forma magnífica de concentrarse en lo positivo y de emitir energía positiva. El mero hecho de tomarse tiempo para concentrarse en lo que ya tiene en su vida, para reconocer su gran fortuna y apreciarla, le pondrá automáticamente en modo «sentirse bien».

«Céntrese en lo que ya tiene.»

EL MANIFIESTO DE AGRADECIMIENTO

Tómese tiempo para escribir su propio manifiesto personal de agradecimiento. Se trata de un diario de todas las cosas por las que usted está agradecida en su vida. Introdúzcase en ese sentimiento de gratitud y de aprecio, siéntese en silencio, cierre los ojos y comience a visualizar todo lo que tiene en la vida.

Después, escríbalo todo.

La mayoría de las personas dedican demasiado tiempo a pensar en lo que no tienen en la vida, sin tener en cuenta las cosas maravillosas que sí que tienen.

«Estoy agradecida por...»

Elaborando un manifiesto personal de agradecimiento usted valora lo que tiene ya ahí, y entra en un modo de energía positiva.

☞ Consejo: Sea agradecido.

Convierta en un hábito el leer a diario su manifiesto de agradecimiento. Téngalo en su mesilla de noche, junto a la cama, y créese el hábito de leerlo todas las mañanas, al despertarse. Esto le permitirá comenzar el día con una nota de «me siento bien», y su campo de energía positiva se alineará para atraer todo lo que usted desea durante el resto del día.

EL NOVENO PASO

Escoja
CUIDADOSAMENTE
A SUS AMIGOS

LOS AMIGOS

«Aléjate de las personas que intentan minimizar tus ambiciones. La gente pequeña siempre hace eso, pero los que son verdaderamente grandes hacen que sientas que tú, también, puedes llegar a ser grande.»
MARK TWAIN

Recuerdo que, cuando era niña, mi madre siempre me decía:

«Dime con quién andas
y te diré quién eres.»

Es importante elegir cuidadosamente a los amigos, rodearse de personas positivas.

Quizás se pregunte usted: «¿Cómo voy a rodearme de personas positivas cuando la mayoría de la gente que hay por ahí es negativa o se siente con los ánimos por el suelo?

¿Le eleva a usted la gente que le rodea? ¿Se va de su compañía con el ánimo inspirado, alegre, lleno de energía positiva? ¿O se encuentra una y otra vez dando consejos, sintiéndose mentalmente exhausta, marchándose con una nube negra sobre la cabeza? Las personas que le dejan a menudo exhausta emocionalmente son consumidores de energía.

Aléjese de esas personas. Le chuparán la energía positiva y la reemplazarán con energía negativa. Aunque usted no pueda verla, la energía está ahí, tanto la negativa como la positiva. Recuerde las veces en que ha conocido a alguien y ha pensado: «No me gusta esta persona. Me transmite algo negativo», o «Ciertamente me gusta esta persona. Siento que me llega algo positivo de ella». Esto no es más que la energía que esa persona irradia. Usted no puede verla, pero la siente.

«Evite a las personas negativas.»

Lo mismo ocurre con las personas con las que pasa su tiempo. Pase su tiempo con personas positivas que generen energía positiva. Ésas son las que le van a ayudar a elevarse para que viva la vida más grande.

Pase su tiempo con personas que viven la vida que usted quiere vivir. Hay personas que viven vidas grandes. ¿A quién conoce que esté viviendo el sueño de su vida, de la de usted? Intente concertar un encuentro con ella, aunque no la conozca personalmente. ¡Se sorprenderá de cuántas personas le dicen que sí! Por el mero hecho de rodearse de personas positivas, de éxito y de una mentalidad similar a la suya, usted se sentirá automáticamente mejor e incrementará la intensidad del campo de energía a su alrededor.

Si tiene usted problemas para encontrar gente así, intente buscarla en talleres formativos, en organizaciones y en acontecimientos que atraigan a ese tipo de personas en las que está usted interesada. Por ejemplo, mi empresa, Lead Out Loud (www.leadoutloud.com), organiza talleres y retiros de fin de semana dedicados a la formación en la Ley de la Atracción. ¡Qué mejor lugar para conocer a personas positivas con una mentalidad similar!

☛ Consejo: Escoja cuidadosamente a sus amigos.

Anote en un papel los nombres de todas las personas con las que le gustaría tener un lunch, personas que le inspiren y le influyan positivamente.

Levante el auricular del teléfono, llámelas e invítelas a comer o tomar un café.

Aunque algunas personas puede que estén ocupadas, muchas le dirán que sí. La mayoría de las personas se sentirán halagadas con su petición. Quién sabe, quizás incluso se ofrezcan para hacer de mentor suyo.

EL DÉCIMO PASO

CONECTE MENTE, CUERPO Y ESPÍRITU

LA SALUD

«Los que creen que no disponen de tiempo para hacer ejercicio corporal descubrirán más pronto o más tarde que sí disponen de tiempo para su enfermedad.»
EDWARD STANLEY

Una escucha decir a la gente por ahí una y otra vez: «No tengo tiempo para hacer ejercicio. Estoy demasiado ocupado». La verdad es que todos estamos muy ocupados en nuestra vida. No es fácil hacer juegos malabares con todas las responsabilidades que uno tiene y hacer que encajen día a día. El trabajo y el cuidado de nuestros seres queridos constituyen nuestras máximas prioridades. Nosotros tendemos a ponernos al final de la lista. Pero ¿cómo podemos estar tan ocupados como para no cuidar de lo más importante de nuestra vida: nosotros mismos?

«Haga ejercicio.»

GUARDE TIEMPO PARA USTED

Es conveniente que guarde tiempo para usted todos los días. Es importante para su bienestar mental, para su bienestar físico y para su bienestar espiritual. Descubrirá que todas las áreas de su vida se ven afectadas cuando usted no se toma tiempo para sí. Tómese tiempo para conectar con su mente, con su cuerpo y con su espíritu. Esto le conectará y le sintonizará positivamente con el universo.

☛ Consejo: despeje todos los obstáculos.

Con el fin de guardarse tiempo para sí mismo cada
día, conviene despejar todos los obstáculos que
surjan en su camino que puedan impedirle practi-
car esta importante Hora de Sustento Interior. Responda a las siguientes preguntas:

1. ¿Qué obstáculos le han estado impidiendo tomarse
   tiempo para sí mismo y recargar las baterías?

   _____

   _____

   _____

2. ¿Cómo puede superar estos obstáculos?

   _____

   _____

   _____

3. ¿Qué efectos positivos tendrá en usted, en su familia y en su vida en general el hecho de que usted se
   tome tiempo para sí?

   _____

   _____

   _____

4. Asegúrese de guardarse tiempo para sí todos los
   días. Un buen momento para hacerlo es a primera
   hora de la mañana, antes de que los demás se des-
   pierten.

La meditación

La meditación es una manera fenomenal de aclarar la mente, reducir el estrés y alcanzar la paz interior.

Para algunas personas resulta una tarea ardua sentarse en silencio durante treinta minutos y meditar. Para otras personas es fácil. Pero lo cierto es que se va haciendo más y más fácil con la práctica.

Si es usted un principiante, la meditación dirigida puede ser una magnífica introducción en la meditación. Existen muchos CD y talleres de meditación dirigida entre los cuales elegir.

El ejercicio

Los beneficios del ejercicio son tanto físicos como mentales. El ejercicio no sólo mejora su salud física y su aspecto, sino que también reduce el estrés, aumenta la claridad mental y eleva la autoestima, por citar sólo algunas de sus ventajas.

Añada un programa de ejercicios a su plan semanal. No tiene por qué ejercitarse durante dos horas al día, cinco días a la semana, para obtener los frutos del ejercicio. Dedicando entre veinte y treinta minutos, tres veces a la semana, usted comenzará a sentir los beneficios del ejercicio físico. Dése un paseo, inscríbase en un club de salud, haga yoga, juegue al tenis. No importa lo que haga. Haga algo que le permita disfrutar. Simplemente, haga algo físico, cualquier cosa.

Una alimentación saludable

Probablemente haya escuchado usted aquello de «eres lo que comes». La alimentación es un elemento clave para su salud mental y física en general.

Comer alimentos bien equilibrados y evitar las comidas poco sanas tendrá un efecto manifiesto en cómo se siente.

Acuérdese de las veces en que se ha dado una gran comilona, y en cómo se ha sentido después. Quizás se haya sentido cansado, aletargado, hinchado y molesto. Todos estos sentimientos son negativos. Con el fin de sentirse bien, elija alimentos saludables.

LA NATURALEZA

Estar en contacto con la naturaleza es una magnífica forma de generar cierto sentimiento de conexión y de ser uno con el universo.

Haga excursiones por los bosques, caminatas por la playa o dése un paseo por el parque. Fíjese en los pájaros, en los árboles y toda la naturaleza que le rodea.

UNA CITA CONSIGO MISMO

Tenga todas las semanas una cita consigo mismo. Programe un día cada semana simplemente para dedicarse tiempo a sí mismo. Este tiempo será «su» tiempo; haga algo divertido y diferente. Vaya al cine, vaya a un museo, al parque, a darse un masaje; haga algo de lo que disfrute. Éste es un tiempo sólo para usted.

EL DIARIO

Escribir un diario es esencialmente mantener una conversación consigo mismo. Es una magnífica manera de conectar con su yo interior y de reconocer y agradecer lo que hay en su vida. Las ideas y pensamientos que usted escriba determinarán con claridad si usted está emitiendo energía positiva o negativa. Si sus pensamientos son positivos, grandes, será la señal de que se encuentra en el camino correcto. Si son negativos, considérelo como una bandera roja, y haga lo que sea necesario para liberarse de estos pensamientos poco gratos.

☞ Consejo: conecte mente, cuerpo y espíritu.

Haga una lista de ejemplos de actividades «mentales» que pueda usted hacer y de las que disfrutaría (por ejemplo, leer poesía, la visualización, meditación, escribir un diario):

_____
_____
_____

Haga una lista de ejemplos de actividades «corporales» que pueda usted hacer y de las que disfrutaría (por ejemplo, ejercicio, masaje, yoga):

_____
_____
_____

Haga una lista de ejemplos de actividades «espirituales» que pueda usted hacer y de las que disfrutaría (por ejemplo, naturaleza, escribir un diario, meditación, música):

_____
_____
_____

Guardar tiempo para usted a diario es importante. Es tan importante, si no más, que cualquier otra cita o reunión que pueda programar en su plan diario. Programe con antelación su Hora de Sustento Interior. Éste puede ser el tiempo que usted se pase meditando, leyendo o haciendo ejercicio. Tómese ese tiempo para usted cada día. Le rejuvenecerá y le permitirá conectar mente, cuerpo y espíritu. En última instancia, le situará en un campo de energía positivo.

Tómese unos minutos todos los domingos por la noche y elabore su programa semanal (cita para el masaje, tiempo de meditación, ejercicio, etc.). Incluya su Hora de Sustento Interior. Y lo que se programa se hace.

☛ Consejo: su Hora de Sustento Interior.

¿En qué momento del día tendrá lugar su Hora de Sustento Interior? ¿Qué hará durante su Hora de Sustento Interior diaria?

El UNDÉCIMO PASO y ÚLTIMO

PERMÍTALO

LA DUDA

«El único límite para lo que podamos realizar mañana será el de las dudas de hoy.»
<small>FRANKLIN ROOSEVELT</small>

Si domina los diez pasos previos, habrá llegado al paso final, el paso que le permitirá de verdad hacerse uno con el universo y atraer y manifestar en su vida lo que usted desea.

«No dude.»

Este paso final consiste en permitirle que se manifieste en su vida. Esté preparado para recibir lo que usted desea. Con el fin de dejar que llegue, tiene que liberarse de cualquier energía negativa, y no tenga ninguna duda de que llegará hasta usted.

En esencia, la duda es una emoción negativa, y emite energía negativa. Con el fin de permitir que llegue y de recibir todo lo que desea en su vida, tiene que apartar toda duda y creer que eso está viniendo hacia usted. Sólo entonces se materializará y se manifestará en su vida. Esto se puede conseguir con tres sencillas afirmaciones: siéntalo, créalo, consígalo.

SIÉNTALO

Sienta que usted ya tiene lo que quiere. Esto es importante, con el fin de liberarse verdaderamente de toda duda y de toda energía negativa.

Haga lo que sea necesario para sentir de verdad lo que sentiría si ya lo tuviera todo. Concéntrese deliberadamente en lo que quiere con la intensidad de un rayo láser.

> *«Concéntrese con la intensidad*
> *de un rayo láser.»*

Vaya a probar el automóvil de sus sueños. Vaya a ver la casa de sus sueños. Visualice con el ojo de la mente y sienta lo que sentiría con esa pareja perfecta en su vida.

El mero hecho de entrar en ese estado mental genera automáticamente sentimientos positivos de excitación, aproximándole a la consecución de sus metas.

CRÉALO

Creer en que atraerá todo lo que desea es importante. Si existe alguna duda, usted emitirá energía negativa. Una buena manera de eliminar toda duda consiste en preguntarse si hay alguien por ahí que esté haciendo lo que usted quiere hacer o que haya conseguido lo que usted quiere conseguir. Si la respuesta es sí (y el 99 por ciento de las veces es sí), entonces es que ¡sí es posible! Si alguna persona lo está haciendo o lo ha conseguido, ¡entonces usted también puede!

Tiene que creer con todas las fibras de su ser que sí alcanzará su vida más grande.

CONSÍGALO

Una vez sienta de verdad que ha llegado ya a su vida más grande y crea de verdad que se manifestará en su vida, lo único que queda es que suceda... usted lo conseguirá.

¡Sea intensamente consciente!

Ahora bien, eso no significa que todo cuanto tiene que hacer es sentirlo, creerlo, que todo sucederá y que usted lo conseguirá (aunque también sucede así). Significa que el universo se alineará para enviarle las oportunidades y los acontecimientos en su vida que le lleven allí. Usted tiene que reconocer esas señales, ser consciente de ellas, para luego emprender la acción. No las ignore. No se lo piense demasiado. Simplemente, emprenda la acción. Quizás interprete usted estas ocurrencias como coincidencias, pero en realidad es la señal de que el universo está respondiendo a su petición. Sitúese en el presente y sea consciente cuando surjan estas oportunidades.

☛ Consejo: Permítalo.

Con el fin de creer verdaderamente y de liberarse de toda duda, hágase un tablero de atracción o un álbum de recortes. Se trata de dos hermosas herramientas visuales que le recordarán todas las cosas y las situaciones que atraerá en su vida. Simplemente, recorte y pegue imágenes de las cosas, las personas y los acontecimientos que quiere atraer en su vida. Póngalo en un lugar donde lo pueda ver con frecuencia para acordarse constantemente de lo que ha de llegar a su vida. Esas imágenes son fotos de su futuro. Esta exposición constante arraigará poco a poco en su mente subconsciente, y el sentimiento de esas cosas manifestándose en su vida se hará ciertamente real.

Sueñe, sueñe en grande.

¡TODO ES POSIBLE, SI USTED LO CREE!

DISFRUTE DEL VIAJE

VIVA LA VIDA

*«Nos pasamos el tiempo
preparándonos para
vivir, pero nunca
vivimos.»*
RALPH WALDO EMERSON

El viaje para vivir su vida más grande y para alcanzar un alto nivel de iluminación no es un viaje fácil. Hace falta práctica, conciencia y tiempo para llegar a dominarlo.

Cuando aplique y domine los once pasos de este libro, se dará cuenta y se hará intensamente presente ante la inmensa belleza de la gente y la belleza global de la vida en general.

A medida que se haga más consciente, más pacífico y más agradecido, descubrirá incrédulo las milagrosas formas en que la gente, las situaciones y las experiencias van llegando a su vida.

Conviene que tengamos siempre los pies en el suelo y que no perdamos de vista quiénes somos en realidad en nuestro interior. Vivir una gran vida no es sólo atraer grandes cosas materiales, tener un grandísimo éxito en el trabajo o atraer a la pareja perfecta a su vida. También es conectar con otros seres humanos... es algo que tiene que ver con las relaciones.

Alcanzando este nivel nuevo de iluminación, usted dispone de la capacidad para marcar la diferencia en la vida de las personas con las que se relaciona a diario, sea la familia, los amigos, los compañeros de trabajo o los extraños. Usted puede inspirar a los demás simplemente convirtiéndose en un magnífico ejemplo de un gran ser humano. Sea edificante para la gente que le rodea. Esto puede adoptar muchas formas: un cumplido, una buena acción o una sencilla sonrisa.

> *«Deja a cada persona con la que*
> *te encuentras un poco mejor*
> *que cuando te la encontraste.»*
>
> ROBIN SHARMA

Tómese tiempo para reflexionar, amar y disfrutar de cada instante de este hermoso viaje.

Paz.

SÍNTOMAS DE LA PAZ INTERIOR

Cierta tendencia a pensar y a actuar espontáneamente, en vez de actuar sobre la base del miedo por las experiencias del pasado.

Una inequívoca capacidad para disfrutar del instante.

Una pérdida del interés en enjuiciar a los demás.

Una pérdida del interés en juzgarse a sí mismo.

Una pérdida del interés en interpretar las acciones de los demás.

Cierta incapacidad para preocuparse (¡éste es un síntoma muy grave!).

Frecuentes y abrumadores episodios de agradecimiento.

Frecuentes sonrisas.

Una tendencia creciente a dejar que las cosas ocurran, en vez de hacer que ocurran.

Una susceptibilidad creciente a extender el amor entre los demás, así como el incontrolable deseo de extenderlo.

AUTOR DESCONOCIDO (SASKIA DAVIS)

¡Ya es hora de comenzar a vivir su vida más grande! ¡Ha llegado el momento! Ya ha esperado demasiado; tiene que ponerse en el asiento del conductor y encaminarse por fin hacia donde quiere ir.

Ahora ya sabe exactamente lo que quiere. Está en camino de alcanzar la paz interior y la felicidad. Está conectando mente, cuerpo y espíritu.

Ahora, ha llegado al tramo final. ¡Está casi ahí!

He aquí doce estrategias que puede usted comenzar a aplicar a partir de ya. No espere a que las estrellas se alineen para comenzar el viaje. Empiece ya.

☛ Consejo: Doce estrategias para aplicar a partir de este momento.

1. ÁMESE A SÍ MISMO/A

Con el fin de vivir de verdad su vida más grande, usted tiene que amarse a sí mismo, a sí misma.

Tiene que amarse primero, antes de que pueda amar realmente a los que le rodean y de proyectar el amor hacia el universo. Usted es perfecto tal como es. Acéptese como es. Le han puesto en esta Tierra para que sea excepcional.

Haga una lista de todo lo que ama de sí mismo/a. (Quizás puede añadirla a su manifiesto de agradecimiento, ¡para que recuerde en todo momento lo magnífico/a que es usted!).

----

2. VIVA EL INSTANTE Y DISFRUTE DEL VIAJE

Celebre y disfrute del viaje, no sólo del destino. Simplemente, sea. Piense en ello, lo único que tenemos es el presente. Tenemos que disfrutar del viaje. Así pues, saboree cada momento de su vida. ¡Celebre el mero hecho de estar vivo/a!

3. CREE UN GRUPO DE PLANIFICACIÓN

Un Grupo de Planificación es un grupo de entre cuatro y seis personas; un grupo de personas que están creándose unas vidas magníficas; un grupo de personas que buscan rodearse de otras personas magníficas para ayudarse y apoyarse mutuamente en su pretensión de alcanzar todos sus sueños y sus objetivos.

¿A qué personas invitará a convertirse en miembros de su Grupo de Planificación?

----

4. BÚSQUESE UN MENTOR O UN *COACH* DE VIDA (O AMBAS COSAS)

¿Quién está viviendo la vida que usted quiere vivir? ¿A quién admira usted? ¿De quién puede aprender? Pídale una reunión. Se sorprendería de cuántas personas estarían dispuestas a tomarle bajo sus alas y de hacer el papel de mentor. Por otra parte, contratar los servicios de un coach de vida cualificado es una magnífica forma de mantenerse motivado, inspirado y en la senda que le llevará a vivir su vida más grande.

5. CREZCA, CREZCA, CREZCA

Nunca deje de aprender. Manténgase abierto a nuevas ideas, nuevas filosofías y nuevas estrategias. Lea. Asista a talleres/conferencias. Vea películas inspiradoras (por ejemplo, las de The Spiritual Cinema Circle).

6. ABRÁCESE AL MIEDO

Es normal sentir miedo cuando uno se sale de su zona de confort. Cada vez que usted hace algo nuevo y diferente, siempre aparece una especie de voz interior que le dice que no puede hacer eso, que no es suficientemente bueno o que fracasará. Simplemente, reconozca que esa voz interior es una saboteadora. ¡Es el saboteador el que le está impidiendo vivir su vida más grande!

7. RECORRA SU PROPIO SENDERO

Con el fin de vivir su vida más grande, tiene usted que estar dispuesto a hacer las cosas de otra manera. No siga a la masa. Sea veraz consigo mismo. Sea auténtico. No se preocupe de lo que puedan pensar los demás. Habrá quien se ría de usted. ¿Y qué? Muchas más personas le seguirán. La única opinión que cuenta es la suya propia.

8. HAGA UN PLAN DE ACCIÓN

Haga un plan de acción. Comience primero con el resultado final que quiere alcanzar, y luego vaya hacia atrás a partir de ahí. La mejor manera de crear un plan de acción es dividirlo en segmentos temporales.

Objetivo:

¿A ser alcanzado en qué fecha?

Ahora, tome otra hoja de papel y planifique lo que quiere hacer en esos segmentos temporales. Así, por ejemplo, si quiere usted perder siete kilos en tres meses, puede dividir el trabajo en planes de acción mensuales, semanales y diarios.

Celebre siempre sus éxitos, por pequeños que sean.

9. DÉ PASOS PARA LA ACCIÓN TODOS LOS DÍAS

Comience ahora. No mañana, ni la semana que viene, ni el año que viene, ni cuando los niños sean mayores, ni cuando tenga más dinero. ¡Empiece ahora!

¿Cuál es su plan? Prepare un sólido plan de acción (diario, semanal y mensual) y aplíquelo. Conforme pase el tiempo, sea flexible. No se aferre al resultado final. Se sorprenderá cuando vea que su sendero puede tomar algunos giros inesperados a medida que lo recorre. Déjese llevar por el flujo. ¡Su vida puede hacerse incluso mejor de lo que esperaba!

10. NO SE RINDA NUNCA

Nunca, nunca se rinda. Muchas personas se rinden justo antes de dar la vuelta a la esquina y alcanzar sus sueños.

> *«El éxito parece ser en gran medida una cuestión de AGUANTE, después de ver abandonar a los demás.»*
> WILLIAM FEATHER

11. CONVIÉRTASE EN UN LÍDER E INSPIRE A LOS DEMÁS

Todos tenemos la capacidad de liderar y de inspirar. ¡Sea un magnífico modelo de comportamiento! ¡Inspire a las personas que le rodean para que vivan también su vida más grande!

12. HAGA EL ESFUERZO

¿A qué está esperando? Lo único que tenemos es el ahora. Todos tenemos sueños. Todos tenemos planes sobre lo que nos gustaría hacer en el futuro… «algún día». Pero lo cierto es que el tiempo vuela. Estamos tan ocupados en nuestras ajetreadas vidas que ese «algún día» nunca llega. Simplemente, recuerde que, cuando esté usted en el lecho de muerte, usted no va a lamentar lo que hizo; lamentará aquellas cosas que no hizo. No espere a que todas las estrellas se alineen. ¡Salga y comience a vivir su vida más grande!

> *«Si esperamos el momento en que todo, absolutamente todo, esté dispuesto, jamás comenzaremos.»*
> IVAN TURGENEV

Creando la paz
y la abundancia mundial

La conciencia de esta maravillosa Ley de la Atracción está tomando el mundo al asalto. Gente de todo el planeta la está aplicando deliberadamente en su vida para atraer todo lo que desean.

Pero la pregunta que he estado ponderando durante bastante tiempo es que, si funciona en cada uno de nosotros a nivel individual, ¿qué ocurriría si, todos juntos, nos concentráramos en un pensamiento al mismo tiempo? ¡Sería increíblemente poderoso! Miles de personas concentradas en un pensamiento positivo. La energía generada se saldría de toda especulación.

El pensamiento: crear un mundo de paz y abundancia.

Estoy segura de que se habrá dado cuenta de que las palabras que he elegido son positivas por naturaleza. No he dicho terminar con la guerra y la pobreza. Las palabras «guerra» y «pobreza» son negativas por naturaleza. Cuanto más hablamos de la guerra, más la atraemos. Cuanto más hablamos de la pobreza, más la atraemos. La Madre Teresa dio muestras de comprender la Ley de la Atracción cuando dijo:

> *«Una vez me preguntaron por qué no participaba en manifestaciones contra la guerra, y dije que nunca lo haría, pero que en cuanto se organizara una concentración por la paz, allí estaría.»*

GENERAR LA TRANSFORMACIÓN GLOBAL

Todos los días oímos en las noticias cuántas personas han muerto en la guerra. Yo hago todo lo posible por no exponerme a estos estímulos tan negativos, dado que tienen sus efectos en mis pensamientos y mis sentimientos. Pero también siento que no puedo quedarme ahí sentada, callada, fingiendo que no ocurre nada.

Me pregunto a mí misma: ¿Cómo podemos unirnos como especie y crear un mundo de paz?

He viajado por muchos países de todo el mundo en misiones humanitarias. He podido comprobar de primera mano la pobreza extrema que existe en muchos países en desarrollo. He visto con mis propios ojos a niños y adultos sin agua fresca que beber, con apenas comida para sobrevivir, sin atención médica alguna, viviendo en chozas a las que llaman «casa».

Son imágenes que no puedo sacar de mi mente.

Me pregunto a mí misma: ¿Cómo podemos unirnos como especie y crear un mundo de abundancia?

AYÚDENOS A HACER DE ESTE SUEÑO UNA REALIDAD

Lead Out Loud está organizando una serie de apasionantes eventos con el fin de congregar gente para concentrarnos en la consecución de este fenomenal objetivo haciendo uso de la Ley de la Atracción.

Si desea usted formar parte de esta iniciativa de paz y abundancia mundial, visite por favor www.leadoutloud. com. Vaya al enlace de «contact us» (póngase en contacto con nosotros) y escriba su nombre en la lista de correo de «world abundance and world peace».

VALORES ESENCIALES

Abundancia	Bienestar
Accesibilidad	Bondad
Aceptación	Buena forma
Adaptabilidad	Calidez
Afecto	Calma
Agradecimiento	Carácter juguetón
Alegría	Cariño
Aliento	Claridad
Altruismo	Compasión
Ambición	Comprensión
Amistad	Compromiso
Amor	Comunicación
Apoyo	Comunidad
Aprecio	Concentración
Aprendizaje	Conciencia
Armonía	Confianza
Asumir riesgos	Conocimiento
Atención	Consecución
Atracción	Contribución
Atrevimiento	Control
Audacia	Convicción
Autenticidad	Cooperación
Aventura	Coraje
Belleza	Creatividad
Benevolencia	Crecimiento

Crecimiento personal
Curiosidad
Decisión
Determinación
Devoción
Diligencia
Dinamismo
Dirección
Disciplina
Disfrute
Disponibilidad
Diversidad
Diversión
Educación
Eficiencia
Elasticidad
Elegancia
Empatía
Energía
Enfoque
Entretenimiento
Entusiasmo
Equilibrio
Equilibrio vital
Espiritualidad
Espontaneidad
Estabilidad
Estructura
Exactitud
Excelencia
Excitación
Éxito
Exploración
Expresividad

Fama
Familia
Fe
Felicidad
Fiabilidad
Fidelidad
Filantropía
Firmeza
Flexibilidad
Formalidad
Fuerza
Generosidad
Gracia
Gratitud
Guía
Honestidad
Humor
Igualdad
Iluminación
Imaginación
Imparcialidad
Indagación
Independencia
Independencia
   económica
Ingenio
Ingenuidad
Iniciativa
Inspiración
Integridad
Inteligencia
Intensidad
Intimidad
Intuición

Justicia	Pulcritud
Lealtad	Puntualidad
Libertad	Quietud
Liderazgo	Reconocimiento
Limpieza	Recreación
Logro	Reflexión
Marcar la diferencia	Regocijo
Meticulosidad	Relajación
Modestia	Religiosidad
Motivación	Resistencia
Optimismo	Respeto
Organización	Responsabilidad
Orgullo	Riqueza
Originalidad	Romanticismo
Pasión	Sabiduría
Paz	Salud
Paz interior	Satisfacción
Perceptividad	Seguridad
Perdón	Sensibilidad
Perfección	Serenidad
Perseverancia	Servicio
Persistencia	Simplicidad
Perspicacia	Sinceridad
Persuasividad	Singularidad
Pertenencia	Soledad
Placer	Solidaridad
Poder	Trabajo en equipo
Popularidad	Tranquilidad
Precisión	Valentía
Privacidad	Verdad
Profesionalidad	Visión
Progreso	Vitalidad
Prosperidad	Vivacidad

Agradecimientos

Me gustaría expresar mi más cordial gratitud a algunas personas muy especiales de mi vida:

A Bill Wilson, por ser mi roca, mi compañero y la persona que me eleva a cada instante del día.

A Melinda Aszatols, por su bondad y sus increíbles habilidades para el diseño gráfico en todos mis proyectos.

A Al Moscardelli, por ser un gran amigo y un gran mentor en los negocios.

Al Dr. Brad Deakin, mi quiropráctico y amigo, por su estímulo, su ayuda y sus esfuerzos por mantenerme en sintonía con el universo mediante sus magníficas atenciones quiroprácticas.

A Danielle Joffe, mi mejor amiga, por su apoyo y por estar siempre ahí.

A John St. Augustine, por creer en mí, por creer en este libro y por tender una mano para hacer realidad este sueño.

Acerca de Lead Out Loud

Lead Out Loud es una empresa de liderazgo transformativo y desarrollo personal. Nuestro propósito es transformar a personas de todo el mundo en individuos extraordinarios y generar cambios positivos en todo el mundo.

Lead Out Loud ofrece diversos productos, como libros, audiolibros, seminarios audio y vídeos inspiradores, y descargas. Dirigida por Sonia Ricotti, Lead Out Loud ofrece también seminarios, talleres, retiros, *coaching*, conferencias y diversos programas de liderazgo.

Como parte de nuestro deseo de inspirar y ayudar a transformarse a personas de todo el mundo, Lead Out Load ofrece programas de radio semanales que se centran en temas motivacionales y lleva a cabo entrevistas con expertos de alto nivel y modelos sociales. Estos programas se archivan y puede usted escucharlos en cualquier momento sin coste alguno.

Lead Out Loud ofrece también un boletín gratuito. En este popular boletín de motivación se incluyen artículos inspiradores sobre desarrollo personal y liderazgo profesional, noticias sobre eventos en ciernes y consejos para vivir su vida más grande.

Para más información sobre los productos de Lead Out Loud, el programa de radio, el boletín mensual y eventos al día, visite www.leadoutloud.com. Si desea que Sonia Ricotti dé una charla en su próximo evento, contacte con nosotros por *e-mail* en info@leadoutloud.com.

Índice

LA LEY DE LA ATRACCIÓN nos enseña cómo utilizar
las capacidades físicas y mentales con las que hemos nacido
para crear riqueza y éxito, pero muchos de los que han
descubierto este «secreto» siguen teniendo una vida miserable.
El secreto más grande del mundo, por su parte, explica
claramente cómo dar un salto e ir un poco más allá, persiguiendo
y consiguiendo las cosas que son verdaderamente
importantes en la vida.

En nuestro interior está lo que necesitamos. Nosotros podemos
llegar a ser las personas que soñamos y sentirnos completamente
satisfechos en ese camino de autorrealización.
En estas páginas, encontrarás el secreto para una vida feliz,
de paz interior, ligereza y plenitud.
El secreto que permite que cada uno de nosotros contribuya
a hacer del mundo un lugar mejor para todos.

517- 4667

416-

786- 1944

서울   人